जंगलों में पगडंडियाँ
(जंगल और आदिवासियों को समर्पित कविता संग्रह)

जंगलों में पगडंडियाँ

(जंगल और आदिवासियों को समर्पित कविता संग्रह)

प्रतिभा चौहान

भारतीय ज्ञानपीठ

वाणी प्रकाशन : भारतीय ज्ञानपीठ की पुस्तकों
के एकमात्र प्रकाशक एवं वितरक

पहला संस्करण : 2022
दूसरा संस्करण : 2023

लोकोदय ग्रन्थमाला : ग्रन्थांक 1526

प्रकाशक
वाणी प्रकाशन ग्रुप
4695, 21-ए, दरियागंज, नयी दिल्ली-110 002
फ़ोन : 011-23273167, 23275710
ईमेल : sales@vaniprakashan.in

ISBN : 978-81-19014-69-9

जंगलों में पगडंडियाँ
(कविता-संग्रह)
प्रतिभा चौहान

JANGALON MEIN PAGDANDIYAN
(Poetry Collection)
by Pratibha Chauhan

मुद्रक : आर. टेक ऑफ़सेट प्रिंटर्स, दिल्ली-110 032

Price : INR. 295

मेरे प्रिय पुत्रों
सत्यम् चौहान और समर्थ चौहान के लिये

विषयानुक्रम

वह आदिवासी है

आसमान में
चमकते हो सूरज की तरह
तुम्हारी गोद में पलती है
धरती की आदिम सभ्यता

कौन मिटाएगा उसे
जो है समस्त सागर, भू और आकाश में
विद्यमान
सृष्टि का पहला हस्ताक्षर

तैरती हैं हजारों स्मृतियाँ शाखों पर
जो रहते हैं
सम्मान में सदा सिर झुकाए
हरेपन की कहानी लिए
जिसकी आत्मा में रचा बसा जंगल
और जंगल में रचा बसा जिसका अस्तित्व

शांत, सुदृढ़, पूर्णत: प्राचीन
आदिम सृष्टि के पटल पर
न अस्त होने वाला अविनाशी है

सुनो
वह आदिवासी है।

स्वतंत्र या स्वच्छंद

जंगल उनके हैं
वे घने जंगलों के हैं
इतने घने कि
उनमें पगडंडियाँ नहीं जातीं
परंतु ढलान तक जाते हैं नदियों के रास्ते ...
बसती है एक दुनिया
एक पूरी दुनिया
शहर से हज़ारों कोसों दूर
वे स्वतंत्र हैं
स्वच्छंद नहीं
पीते हैं स्वच्छ जल
पाते स्वच्छ हवा
नहीं मिलती किसी चीज़ में मिलावट
मसलन- आदमी में भी नहीं
वे जानते हैं प्रकृति में अपना हिस्सा
जंगलों से लेते हैं
दुलारते हैं
उजाड़ते नहीं ईश्वर की बनाई हुई चीजों को
आधुनिक आदमी की तरह।

बड़े ख़तरों की फ़ेहरिस्त
(दक्षिणी ब्राजील के गुआरानी समुदाय को समर्पित)

चमकती संस्कृतियाँ
बढ़ता हुआ बाजार
उपभोग-उल्लास का कॉकटेल
और
संसाधनों की भूख
विविधता के पोषकों के विरुद्ध हैं
बड़े बड़े ख़तरों की साज़िशें ...

एक लंबी
फ़ेहरिस्त है
उनके विरुद्ध तैयार किए जा रहे
हथियारों और औजारों की

ज़मीनी लोगों के
जीवन से खिलवाड़
एक लड़ाई है
मानवीयता के विरुद्ध
अनवरत
आजीवन
नि:संकोच ...

दम भर विरोध करती है मानवीयता
पर चूक जाती है
देखना
जो अनगिनत बार सताया जाता है
भले ही मार दिया जाए एक बार
पर

जी उठता है बार बार
उसकी चीखें
उठाती हैं शांत रेगिस्तानों में जलजले
तूफान किसी किनारे पर

फिर
तीर सी जा चुभती हैं
गिद्धों के कलेजों में।

जीवन और जंगल

हजार आँखों वाली
रेंगती पगडंडियाँ
जंगलों के इस पार से उस पार तक
चली जाती हैं अपनी धुन में

जो चुनती हैं खुद अपने रास्ते
और जंगलों के रूप और रंग से
करती हैं अटखेलियाँ

हिमखंड -सी
पिघलती हुई जा मिलती हैं
शीतल हवाओं में
बहती हैं निरंतर, लगातार पर साथ-साथ

हमारी संस्कृतियों के बीज उपजे हैं वहीं से
वहीं से पाए हैं जीवन के तन्तु

कोमल हृदयों सी
रेशे-रेशे में व्याप्त
थोड़ी सी उबासी
ढेर सारा प्यार

पारदर्शी मस्तिष्क लिए
मासूमियत से भी ज्यादा मासूम
नहीं जानते लोग
रिश्तों में दिमागी प्रयोग

यही तो है , जो सिखाता है
जीवन से प्रेम और प्रेम से संबल ।

तुम्हारे लिए एक सुबह लानी है

कल जब
समझा जाएगा तुम्हें
अपनी ही ज़मीनों का गुनहगार
कर दिया जाएगा बलिदान
विकास के नाम पर
अपने ही देश से तड़ी पार होते हुए
तुम ले जाओगे अपने हिस्से की शाम
और स्याह काली रातें
अनगिनत अनवरत
चलता रहेगा
यह शीतयुद्ध...
सुनो
ठहरो
तुम्हारे लिए एक सुबह लानी है
छीन कर अंधेरे से
और बुननी हैं सूरज की किरणें
इस तरह मुझे
कई कई दिन
और कई कई शामें
उगानीं हैं
एक बेहतर कल के लिए
या कल की बेहतरी के लिए।

एक प्यास

आग से खेलने वाले
कोई आँख
टकटकी बांधे तुम्हें देखती है

तुमने जिसकी बेदखली की
लिख डाली इबारत
उसके अस्तित्व में ही सोई होंगी तुम्हारी जड़ें

धमनियों में बहती हुई
लालसा की बूंदे उगाती हैं प्यास
बार–बार तुम्हारे सीने में

एक दिन
जब सुबह की ताजगी को
दोपहर की आग में कर दोगे भस्म
और निगल जाओगे
हर शाम का रंग

तब बोलो
क्या इस विनाश की जिम्मेदारी लेने के वास्ते
जीवित बचोगे ?

युगों का अंतराल

उत्तर आधुनिक और वैश्विक दौर में
कई युगों का अंतराल भी शामिल है

क्या आप समझते हैं
जिन्हें माना गया पराजितों का समूह
उन्होंने अपनी पहचान को रखा है जिंदा
संस्कृति में जोड़े हैं कई सोपान
खुद को किया है इतिहास में कैद

कुछ थोड़ा ही चाहिए उन्हें
थोड़ा सा सूरज
थोड़ी सी धरती
थोड़ा सा जल
और थोड़ा–सा आकाश

वे रहते हैं चुप और शांत
नहीं डालते दूसरों के हिस्सों की चीजों पर कोई भी निगाह
वे भी इस धरती के लोग हैं
ठीक हमारी तरह

पर
उनके और हमारे मध्य बहता है
युगों का अंतराल।

जो पढ़े लिखे विकसित थे

जो पढ़े लिखे विकसित थे
पढ़ रहे थे
बर्बरता और अपराधों के कानून की किताबें
कर रहे थे
हथियारों और बारूदों की जांच
तलवारों और चाकुओं को तेज
जो हवाईजहाज और रेलें रखते थे
खत्म हो रहा था वक़्त उनके लिए
वे भाग रहे थे
किसी अनजान रास्ते की ओर
जो जंगल से ठीक उलटी तरफ जाता है
उन्हें वक़्त काट रहा था
बड़ी तेजी से
वे घायलों के माफिक पड़े थे
उपेक्षित
अपनी ही बनाई हुई कटीली सड़कों पर
जबकि
जंगली और अनपढ़ लोग
बिखेर रहे थे प्रेम
एक विकसित दुनिया से दूर
एक छोटी सी दुनिया में
बाँट रहे थे आपसी सुख और दुख
वे समय को काटते नहीं थे
बांटते थे।

सिनेमाई नायक की तरह

वे रहते हैं बेफिक्र
अपनी तमाम ज़रूरतों के साथ
सीखते हैं
परिपूर्णता के मायने
अपने समाजों में रहते हुए मसरूफ़
तेज आँखों से
करते हैं शिकार
और कड़ी सुरक्षा भी
एक सिनेमाई नायक की तरह
भयानक पशुओं से करते हुए दो चार हाथ
भांप लेते हैं
पहले से आने वाली मुसीबत
आवाज से तेज़ लगाते हैं निशाने
रखते हैं
अपने हाथों में जंगल की बागडोर
वे नहीं करते
अनुकरण किसी का
संपूर्ण जंगल चलता है
उनके बनाए रास्तों पर।

बाज़ुओं पर भाग्य

उनके हाथों में नहीं
बाजुओं में होती हैं तकदीर की लकीरें
बाजुओं से उठाते हैं
तमाम सुख दुःख और धरती का बोझ

वे कई आँखों वाले देवताओं से मांगते हैं
जंगल की लंबी उम्र
सूरज से रेशमी किरणें, नदी से जल
हवा से सांसें, और हरियाली से संवेदना

मौसम के खिलाफ होने पर भी
नहीं करते बगावत
हर अगली सुबह को जीते हैं उत्साह से
नए जन्म की तरह
ढलते हुए सूरज से मांगते हैं
अपनी पीढ़ियों के वास्ते चैन की नींद

कई-कई दिनों की मेहनत
सिखाती है उगना ,महकना
और हर तरफ बिखर जाना
पक्षियों से मांगते हैं सम्मोहन
जो उन्हें जंगल से
और जंगल को उनसे दूर न होने दे
एक दिन के उजाले की तरह
लिपटे हुए
हर एक चीज में
वे हो जाना चाहते हैं पूरे धानी।

नेपथ्य में कोई आवाज

नेपथ्य में कोई आवाज
बांध कर बैठी है
धानी चुनर से अपना कलेजा
इस अनंत शोर के बीच
यह दिन भी गुजर जाएगा
बस एक बार आकर
देख लो
कहाँ पर रुकी हैं सांसे
कितने प्यार से बुलातीं हैं
ये जंगलों की पगडंडियाँ।

गीतों से निकलते हैं अदृश्य संवाद

जंगलों में आधी रात को
उतरता है चाँद
बिखेरता है अंजुली भर भर
अनोखी छटाएँ
क्या किसी ने देखा है
पृथ्वी को मुस्कुराते हुए
मानों कोई देखता है
करता है अठखेलियाँ
किसी जंगल के बीचोंबीच बहती हुई नदी के जल की मानिंद
साँझ को जब अंधेरा झुकता है
शांत घुप अंधेरे में
बजती है एक मौन की धुन
जंगल सुनता है
गुनगुनाता है
उसके गीतों से निकलते हैं अदृश्य संवाद
जो न लेते, हैं न देते हैं
खुश रहते हैं थोड़े में ही
न ही रखते कोई बैर
साँझ होते ही डुबो देते हैं सारे गिले शिकवे
सूरज के डूबने के साथ ही।

चिड़िया के गीत

(एक विस्थापित आदिवासी के लिए चिड़िया का गीत)

जंगल से विस्थापन के बाद
जब पर्वतों पर उसने देखे तुम्हारे पद-चिन्ह
और ईश्वर से की प्रार्थना तुम्हारे लौट आने की
तब तुम्हारी प्रतीक्षा में
एक चिड़िया गाती थी आस्था के गीत
उड़ती थी पर्वत की ओर
उसके विरह के गीत
सुन रहे थे सूरज और चाँद
वह सहती थी बारिश और धूप
घायल पाँव से भी न रुकती उसकी यात्रा
हुआ एक दिन ऐसा कि
रात-रात भर भटकते फिर रूखे सूखे दिन-दिन भर
उसने गिराए फिर से जंगली पेड़ों के बीज
और अपनी चोंच से किए तैयार पानी के सोते
उसी दिन उग आई एक हरी बेल
और फूटे छोटे कोंपल, किए कुछ टोटके
बंधी हुई धागों की गांठें खोल दीं
किसी मन्नत के पूर्ण होने पर जो खोली जाती हैं
वह कुतरती रही दिन रात
वक़्त की कठोर सतह

लिखती रही खूबसूरत आयतें
उसने विसर्जित नहीं किया एक भी अवशेष
तुम्हारे विस्थापित होने और लौटने के मध्य
वह चाहती है फिर से एक दूसरा जंगल तैयार करना
वह सजा रही है हरियाली ,
और टुकुर- टुकुर देख रही स्वप्न तुम्हारी वापसी के।

ठौर कहीं और नहीं

(विकास की दौड़ में खोती हुई इंसानियत)

हमेशा जीतने वाली आदत में
जब तुम हारने लगे
तब प्राणों की हार भी
तुम्हारी विवशता थी
ये ईमानदारी से खेला गया खेल नहीं था
कई नियमों के जोड़-तोड़
घटाव-जुड़ाव
नए कानून और नियम व विनियम तोड़े मरोड़े गए
मिट्टी पर जमाया गया अधिकार
पत्थरों पर उकेरे गए नक्शे
नए गणितीय फार्मूले किए गए तैयार
फरमानों में जारी किया गया नियम
तब जाकर ठोंकी गई
ताबूत पर आखिरी कील ।

एक स्त्री बनाती है तितलियाँ

एक स्त्री
बनाती है तितलियाँ

दुर्गम जंगलों के मध्य
रंगती है कबूतरों के रंग
अपनी दीवारों पर उकेरती है जंगल
आँचल में समेट लेती है सारे स्वर

उसका गुनगुनाना
महज ध्वनि तरंगों का उठना नहीं है
नृत्य है जंगल की महीन धुनों पर
कोई आवाज उठती है जंगल में
वह जान लेती है अपने चित्त से

इंद्रधनुष उगता है
हर दोपहर बाद
किसी न किसी डाल पर

चाँद से खेलती है वह हर रात
जब अपने बच्चे को उंगली से दिखाती है
उसका उगना और निकलना

मटका भर लाती है पानी
धूप से हलकान गले को देती है राहत
काटती है उगी हुई बालियाँ
साथ ही में काट देती है
सारे दुख और दर्द एक मुस्कुराहट से

अदृश्य भविष्य का नहीं रचती कोई सपना

अपने बच्चे के पेट भरने के साथ ही
भर जाती हैं
मुरादों की सारी झोलियाँ
वह कभी ठगी नहीं जाती
किसी लालच के नाम पर।

ऊँची आवाज में नाम पुकारना मना है

सूरज आ बैठा था
पहाड़ों के बीच
यह एक नए दिन का आगाज था
नदी अपनी गति से दौड़ती थी
पछुआ हवाएँ सुस्ताने लगी थीं

दरवाजा खटखटाती अपनी चोंच से चिड़िया गुनगुनाती थी
कुतरती थी घास
मस्ती में हवा के बिस्तर पर डोलती हुई वह चिड़िया
सभी लोगों का दिल जीतने का हुनर रखती थी

आदिम सभ्यता में
न जाने कितना संगीत डोलता है
तुम एक खोजोगे हजार पाओगे
दिनों को टुकड़ों में काटती
बहुमुखी धारों की तलवार है वक़्त
जिसके अंतिम सिरों पर आकाश मिलता है
हजारों सितारों वाली ओढ़नी में लिपटा हुआ

बेशक तुम सीख लो
पृथ्वी की गति को अनसुना करना
उसमें भी एक अद्भुत संगीत बजता है
चलो
हम धरती के चप्पे चप्पे पर फैले हुए प्रेम को ढूंढते हैं
तुम नफ़रतों की दीवार को ढहाते जाना
मैं पग पग बोऊँगी
प्रेम के बीज।

निरंतर क्षय होते हुए भी

निरंतर क्षय होते हुए भी
उसकी धड़कन
तुम्हारे जीवन के लिए
संगीत बनाती है
अब
निश्चय तुम्हें करना है
तुम्हें संगीतमय जीवन चाहिए
या जीवन में संगीत।

जीवन रहने दो

अभी–अभी आयीं हैं वे
जंगल के सात चक्कर लगाकर
अब वे
अपने बच्चों को देंगी
आकाश में उड़ने के कुछ गहरे सबक
उनके भीगे हुए पर
अभी अभी हुई बारिश का खुशनुमा संदेश दे रहे हैं

वे नहीं डरतीं
किसी आंधी या तूफान से
हर दिन को गुजारती हैं
अपनी इच्छाओं से बुने ख़्वाबों की पोटली के भीतर

लंबी कोमल टहनियों पर झूलती हुई
लेती हैं जीवन का आनंद
वे रहती हैं
अपनी जिम्मेदारियों से सराबोर
बिना किसी तनाव के
मनुष्य के जीवन को देती हैं एक संगीत की बानगी

तमाम ऋतुओं में
मुस्कुराती

चहचहाती
संसार की अमूल्य धरोहर हैं
क्या आप सोचते हैं कभी उनके बारे में
जीवन कैसा होगा
एक चिड़िया के बिना

कौन गाएगा बरसात में संगीत
कौन करेगा कलरव
कौन सिखाएगा आकाश की उड़ान
कौन उगाएगा जंगल
बीहड़ और दुर्गम इलाकों में
कौन बुलाएगा बादलों को अपनी आवाज से
कौन बिखेरेगा
जीवन के कण कण में संगीत
क्या मनुष्य रह पाएगा
चिड़िया की आवाज सुने बिना।

रेत में तब्दील हुए समुन्दर

प्यास की गठरी लिए
हम चल रहे थे मरुस्थलों की ओर
आँखों में फिर
छलके थे खोई हुई नदियों के निशान
जो रेत में तब्दील हुए समुन्दर थे
ठिठके थे
किसी बादल की आस में
क्या बादलों ने कभी चाहा
लहूलुहान होना
और दम तोड़ देना बीच राह में ही
बह जाना
पृथ्वी के भीतर ही भीतर
किसी तरह शांत होकर
इस तपती हुई रेत में
घुल गया असहनीय दर्द
सूखे बारिश के वायदों ने
अपना दम तोड़ दिया है किसी छोर पर

गौर से सुनो
कहीं से आ रही है टूटते हुए दरख़्त की आह की आवाज।

साथ

रात की चाँदनी में
आर्द्र हुआ जंगल
सुबह की ओस से
दोपहर तक बातें करता रहा ।

जन्म जन्मांतर

वो अपना दिल रखते थे
थोड़ा शाखों पर
और थोड़ा जड़ों में
धरती को सीने से लगाए
उम्र भर जीने मरने की कसमें खाते रहे
बाहर तो बस
उनकी परछाईयाँ थीं।

जंगल की देह

एक रंगीन हरी चादर ओढ़े हुए
गुजरता है पहाड़ों के बीच
किसी रंगीन लिबास सा लुभाता है
इस श्वेत धरा पर एक हसीन फूल सा
उमगता है जंगल।

स्मृतियाँ

गुजिश्ता वक़्त में
दूर से चमकता था
अब बिखरी यादों में
एक बुझे हुए इंतजार में
घूंट–घूंट पिघलता है
वक़्त रौंद कर गुजरता चला गया
अब कहानी लिखने में शब्द बिखर रहे हैं।

बदलाव

सभ्यताएँ तिलमिलाएँ
नियति बदल दे अपनी शक्ल
तो समझ लेना
बड़ी ही निर्ममता और
दृढ़ता से ठुकराई गई हैं दुरूह परंपराएँ...

बेखबर लोग
ताकते रहते हैं पुराना रास्ता
बिना किसी परवाह के
सीधी चली गईं रेखाएँ
कब मचाती हैं कोई बबाल
कब देती हैं सुस्थापित कानों में
कोई गुस्ताख़ दस्तक

वो जो नहीं चाहते हैं चलना
घिसी पिटी लकीरों के मुाफ़िक

एक ही राह पर
पैदा करते हैं बड़ी बौखलाहट
बेचैनी और खलल
और चुन दिए जाते हैं अक्सर
इतिहास की दीवार में
बड़ी ही बेरहमी से
याद किए जाते हैं सदा
ब्रह्मांड के अगले छोर पर।

जल, जीवन और हरियाली

ये जल, जीवन और हरियाली
हमारी साँसों में बसा हुआ एक पूरा संसार

हम चलते हैं जीवन भर
आखिरी साँस तक वजूद लिए हुए

हमारी हथेली पर
उगता है एक नन्हा दिया
अंधेरे में उगती है
आशा की एक किरण

जो देती है हौसला
और ढेर सारा आकाश

हरी भरी दुनिया
हमारे चारों ओर रचती है आशाओं का संसार
भेज देती है बादलों की ई मेल आईडी पर
ढेर सारी बारिश

नम धरती की सतह पर लिखी जाती हैं मुस्कुराहटें
अगली पीढ़ी के वास्ते बनाती हैं रास्ते
काँटे रहित
सीधे और सरल
जो पहुँचते हों अपनी मंजिलों तक
बिना किसी जद्दोजहद के ।

सुनो सुबह

सुनो सुबह

तुम आती हो
सूरज की किरणों से लिपटी हुई
किसी जलसे को साथ लेकर
फिर से उगने
और अस्त होने के सिलसिले के साथ

तुमने जो सँजोये हैं
सुनहरे स्वप्न
वो
जंगल की नुकीली आँखों से
उपजे हुए कुछ कैनवास हैं
दरअसल
जो सूरज के चलने के साथ साथ
धुंध में खोते चले जाते हैं

और
अपने पीछे छोड़ जाते हैं
भावनाओं के प्रस्फुटित झरने
जिसमें बसतीं हैं हजारों धाराएँ
हजारों धाराओं में
बसते हैं हजार हजार झरने ।

शाख से लिपटे फूलों के गुच्छे

आदिम प्रेम ने बनाया
सभ्यता की किताबों को
सिखाया समय के माकूल होना
शाख से लिपटे फूलों के गुच्छे
मुरझाने तक रहते हैं शाख के स्नेहिल बनकर
ज्यों बसंत के आने से पूर्व
बुझ जाती है सारी रौनकें
पर रहते है सारे अतीत गूँथे हुए एक साथ

ये झुके हुए वृक्ष
लदे रहते हैं प्रेम और कृतज्ञता के बोझ से
और झुक जाते हैं
बड़ी आसानी से

उनका ये स्वभावगत झुकना
किसी बच्चे के भीतर
उछलता हुआ बचपन है
जो बड़ी आसानी से भूल जाता है
डांट फटकार और दुलार में फर्क करना
उसी तरह भूल जाता है एक वृक्ष उसकी तरफ फेंके गए पत्थर

अतृप्त गहराईयों में
छिपी रहती है एक सृजन की आस्था
न कोई मिटता है
न कोई मरता है
बस बदलता जाता है

ज्यों वृक्ष झुकता है, टूटता है
उसके स्वरूप का चोंगा
हो जाता है जमींदोज
और फिर उग आता है
अपनी अगली किश्त के साथ
बीजों में कसमसाता हुआ।

बार-बार जंगल उग आता है

कोई जंगल
खड़ा नहीं होता तने के बल
उसका स्वाभिमान देता है ताकत
धरती के भीतर सोये हुए ज्वालामुखी में
छुपी हुई ताकत की तरह

जब भी आएगा संकट जीवन पर
जंगल न खोएगा अपना धीरज
करेगा बलिदान
स्वयं की सारी शक्तियाँ

कई बार तोड़ा गया
उजाड़ा गया निरंतर
पर बार-बार जंगल उग आता है
वह नहीं छोड़ता
अपने उगने की जिद

क्योंकि
वह खड़ा होता है
अपने सम्मान की खातिर
अपने स्वाभिमान के बल पर

किसी भी छल भरी योजना से नहीं खुल सकता
उसके अस्तित्व का ताला
बहुत कठिन है देखना
हरे पत्तों के उस पार

धीर-धीरे हो रहे जंगल के मरण की खबरों के मध्य

किसी छोर या कोने पर
घुप अंधेरे में उगता है नया जंगल
तुम छीनना चाहते हो
उसके अस्तित्व की जमीन
पर
सृजन का आकाश बचा लेता है
हर बार।

पूरी प्रतिबद्धता से साबित करता है

एक अलौकिक अहसास है
एक दूसरे का हो जाना
समर्पण का
स्वयं कोई रंग नहीं होता
पारदर्शी विचारों में गोते लगाता
रंग लेता है स्वयं में सबको
हर आम और खास को

एक ही समय में उपजती हुई वियोग की लौ
सौ सुखों की बंद कोठरी है
और दुखों की जलती हुई मशाल भी

यदि फिक्र में डूबा हुआ
अलमस्त चलता है कोई राही
तो उगते हैं उसके चेहरे पर सूरज
कल्पनाओं में डूबकर उतर जाता है कैनवास पर

यकीनन
पूरी प्रतिबद्धता से स्वयं को साबित करता है
जब डूबता है किसी के प्रेम में।

जंगली आदमी जंगल में कभी नहीं रहा

यहाँ आजादी के मायने हैं कुछ और
और कैद के मायने
जुड़े हैं सम्पूर्ण दुनिया की आजादी से
जब चलने की उम्र में
उसने सीख लिया दौड़ना
और
तेज गति पकड़ने के समय
दे बैठा धड़कनों को शांत रहने का आदेश
यानि कि
वह चाहता कुछ और था
किया कुछ और
भावनाओं के नश्तर से
काट दिए कितनों के पर
और ऊंची उड़ानों के पक्षियों का
करता रहा शिकार
उसके इस रहस्य को उजागर करने में
पीढ़ियाँ हुई नाकाम
वह इंसानी भेष में
कोई जंगली आदमी था
हालांकि वह जंगल में
कभी नहीं रहा।

नदी अब न वो नदी है

नदी
अब न वो नदी है
न तितलियाँ
न फूलों के अंबार
नदी को चीरती हुई कोई मजबूत चीख
रोक देती है
उसका बहना
चलना, मचलना
एक अक्षय दीवार देती है उसे फिक्र

वह छुपाती है अपनी आँखों का पानी
और उमड़ती है
भीतर ही भीतर

एक भारी दर्द के शोक को मनाने से पहले
बन जाती है
हरे हरे आकाश की पंछी
स्वच्छंद मगन मस्त

तोड़ देती है गुनाहों का पिंजर
फूटती है ज्वाला सी
प्रवल वेग सी बह उठती है
करती है तहस–नहस
तोड़ती है सारी बेड़ियाँ

एक निरीह मनुष्य की जोड़ी भर आँखें
देखती हैं बस
दम भर तबाही को।

उसका हिस्सा

वह चुनती है जंगल से
अपने हिस्से का सामान
मसलन
लकड़ी, पत्ते और अपनी स्वतंत्रता
वह स्वतंत्र है
देवदार के पत्तों और
तेंदु के पत्तों में वह करती है फरक
घर से बाहर तक
अपनी मर्जी से बनाती है घर के नियम
वह चलती है
गुनगुनाती है
जीवंत हो उठता है
जंगल सारा उसी के इशारों पर
वह डरती नहीं
सभ्य समाजों की स्त्रियों की तरह
न ही ठहरती है
गुलामों की तरह सिर झुकाए
न ही मोहताज
किसी निर्णय के लिए जाने से पूर्व के समय पर।

झूमता है जंगल तुम्हारी तानों पर

कई बार देखना चाहा
तुम्हारा वह रूप

जिसमें तुम अपने सबसे प्रसन्न क्षणों में
नाचते गाते हो

हथेलियों में लिए हुए एक भविष्य
और
बांधे हुए गले व सिरों पर
अपनी संस्कृति की पहचान
तुम्हारी हाथों की रेखाएँ
इन जंगलों का सौभाग्य हैं
विभिन्न आवाज़ों में रची बसी
प्रेम की भाषा
सुनाई देती है

जंगलों के हर कोने और आठों दिशाओं में
हवाओं से होती हुई
बिखर जाती है संगीत की धुन की तरह

लिखती है बार-बार तुम्हारी संस्कृति के गीत
झूमता है जंगल तुम्हारी तानों पर
और खुशियाँ महकती हैं

तुम जानते हो अपनी सीमाएँ
माँगते हो बस उतना ही
जितने में होती है जिंदगी की बसर।

हरे दिन काली रातें

ऊँचे वृक्षों से आती हुई लंबी धूप
जमीन पर पसर जाती है
अपने रेशमी अहसासों से
बना देती है
हर एक कोने को खुशनुमा
लंबी दोपहरें काटती हैं जीवन
शाम की ढलान तक

धीरे–धीरे होती है धरती शीतल
आने वाली रात से करती हुई संवाद
ये हरे दिन कुछ ज्यादा हरे
रातें कुछ ज्यादा काली होती हैं

रातों में बेफिक्र नींद
बिना किसी सपनों की जुगलबंदी के साथ
ठहरती है मिटाती है दिन भर की थकान
और घुलती जाती है
काली रात की रोशनाई में

कोई अंसतोष जन्म नहीं लेता
इस तरह होता है एक सच्ची सुबह का आग़ाज़
अगली सुबह
एक नए दिन के साथ करती है स्वागत हरियाली का

ये फलसफा
चलता है उम्र भर
बिना किसी तंज, भय, द्वेष के
निः सकोच अनवरत।

कोई असंतोष नहीं

मील के पत्थर सरीखे
सबसे प्राचीन
व्याप्त हैं धरा पर दोनों ही –
जंगल और उनकी हरियाली

स्वतंत्रता और स्वच्छंदता के मध्य
जीवन चक्र
पूर्ण संतुष्ट

वास्तविकता का प्रतिबिंब हैं
हमारी उपाधियाँ और आसक्तियाँ
जो करती हैं आसक्त
जिनकी जड़ें आ बैठती हैं
भौतिक आकाश में

जमाती हैं
खुद को अत्यंत गहरे तल में कहीं
मानसिक तंतुओं के बीच
रच बस जाती हैं
क्या आप जानते हैं ?
मृग मरीचिकाएं नहीं होती जंगलों के भीतर।

न दुःख है, न आसक्ति

इन जंगलों में
न खोने का दुःख है
और न लेने की आसक्ति
उन तेजोमय किरणों को देखो
जो तादात्म है सीधा प्रकृति से
अस्तु
वास्तविकता का प्रतिबिंब
ठीक उलट होता है
यह सारी सृष्टि
समस्त ब्रह्मांड का एक खंड मात्र
और उसमें से भी
एक बहुत छोटा सा हिस्सा
बनना चाहता है सबका मालिक और भगवान।

दुनिया के सबसे खूबसूरत लोग

दुनिया के सबसे खूबसूरत लोग
रहते हैं जंगलों के मध्य
जहाँ बहती हैं प्रेम की नदियाँ
जिनके रंग हरे
और किनारे आसमानी हैं...

जड़ों से सबसे ऊपरी सिरे तक
पसरा है आकाश
अपने फैलाव को कभी नहीं समेटता जंगल
नदियाँ करती है संवाद
एक हरी सी सुगंध
घूमती फिरती है
चारों ओर...

एक मौन का संगीत
गुनगुनाता है हर वृक्ष
प्रकृति करती है शृंगार
प्रकृति परमेश्वर है
देती है अशेष
झोली भर भर
नहीं करती निराश

सदियों से
मुट्ठियों में भरती है एक पूरा ब्रह्मांड।

जीवंतता का नहीं लेते कोई प्रशिक्षण

वे सबसे अलग
एक पूरी विकसित दुनिया से दूर
रहते हैं अपनी शर्तों पर
वे नहीं मानते विकास के फ़लसफ़े
न ही चाहते हैं
किसी का हिस्सा होना
अपनी पहचान को अपनी धड़कनों
और खामोशी में संजोये
खड़े हैं मजबूत पैरों के साथ
उनका मौसम अपना है
बादल अपने हैं
बारिश भी अपनी है
भाषा और विधान अपने हैं
अपनी हैं कहानी और कवितायें
नहीं हैं मोहताज
किसी बाहरी आडंबर के विज्ञान के
न ही खोखले वादों की चमकती इबारतों के
न ही रखते हैं कोई सरोकार
उठते हुए झूठे दम्भ के गुबार
और बेशकीमती असबाबों से
कुछ है उनमें
जो और कहीं नहीं
तुम जो जीने से पहले मर जाते हो
या तिल तिल किसी झूठे डर में
पिघलते रहते हो पल पल

क्या कर सकोगे जीवंत नायकों का मुकाबला
जिनकी नस नस में बहता है जीवन
और जीवन की नस–नस में जीवंतता
जीवन की अंतिम सांस तक
वे जीवंतता का
नहीं लेते कोई प्रशिक्षण
बस बचाए रखते हैं
एक पूर्ण जीवन
और जीवन जीने के आसार।

संवेदनहीनता की छाती पर

एक कुत्सित, सुनियोजित
भूख ने
खरोंचे हैं गहन हरियाली के पाँव
कोई अनुभूति
कोई आह
वाणी को अभिव्यक्ति के समुंदर में डुबोने से पहले
फूट पड़ती है हरियाली
शब्द बनकर
कुछ रहने दो शेष –भविष्य में दबी हुई चीखों की सुनो आहट
मत पहुँचाओ वजूद को
विलुप्त हो जाने के कगार पर

एक अनथक यात्रा जारी है
छोटी सी दुनिया तोड़ रही है अपना मन धीरे धीरे
इस कदर घायल हैं इस नाटक के किरदार
मरने, खत्म हो जाने और सृष्टि से समाप्त हो जाने को मजबूर
वे शायद न मिलें
धरा के किसी नक्शे पर
ये संवेदनशीलता के स्वर
सुलग जाते हैं
अंतर्विरोधों,
तनावों और द्वंद्वों की पृष्ठभूमि पर
विषमताओं के मध्य
उगती है फिर
एक बंजर भूमि
शुष्क आकाश और

बियाबान सन्नाटा
जो नष्ट कर देता है भूख और प्यास
देखो
उग रहे हैं
खौफनाक बदलाव के बीज
तुम्हारी संवेदनहीनता की छाती पर।

जहाँ जंगल सोता है नदी की गोद में

कई दिशाओं में चमकता है सूरज
किसी अज्ञात रास्ते से उतरती है नदी
झरनों में बहता है एक सुरीला संगीत
खामोश पड़े पत्थरों में लिखी गई हैं
ऐसी ही ऐतिहासिक इबारतें...

किनारों के
नष्ट हो जाने के बाद भी
नदी नहीं बदलती
अपना रूप रंग, स्वर और संगीत
ज्यों पतझड़ में बदल जाता है जंगल
वास्ते नई हरियाली के ...

नदी वही रहती है
अपनी उसी लय और ताल के साथ
करती है सारे जंगल के रोम-रोम को संगीतमय
और एक मुलायम
सुरीली धुन पसर जाती है हर शाख और पत्ते पर

पक्षियों की चुप्पी से
नहीं उदास होता है
बीहड़ जंगलों का गंगल
चिड़िया गाती है चुप्पी के बाद भी
गाती है अनेकों शोकों के बाद भी
जंगल थिरकता है
मौसम की ताल पे
जंगल सोता है नदी की गोद में।

जंगल की आग

जंगल की आग
होती है बड़ी भयावह
मिटाती है समूल
जिस्म , जीवन, जड़ और जिज्ञासा

सर से पांव तक
मिट्टी को जलाती है परत दर परत
यह क्रोध सी ऊष्मा पिघलाती है
एक सघन हरियाली को
और निगल जाती है
आँख झपकते ही...

जो रहते हैं स्वतंत्र और निर्भय
हो जाते हैं भस्म
वे जानते हैं
प्रकृति करती है विनाश
समय- समय पर
वे पहचानते हैं
समय की गति

फिर भी करते हैं अनवरत प्रेम
उसी जंगल से
सम्पूर्ण आस्था के साथ...

उसके रचाये अमंगल से
नहीं किंचित धरते दोष
अपने भाग्य
या विधाता पर।

संस्कृतियाँ पलती हैं नदियों की गोद में

वे जो दिखते हैं
हमारे आसपास
बड़ी नैतिकता वाले लोग
वृक्षो की अस्थियों से सजाते हैं अपने घर
कभी न होते हुए तटस्थ
तटस्थता का करते हैं दावा...

वे नहीं समझते
नदी और जंगल खुद तय करते हैं
अपना भूगोल
और अपना व्याकरण
अपने रास्ते, अपना जीवन
खुद से बहना और उगना...

वे जानते हैं
संस्कृतियाँ पलती हैं नदियों की गोद में
और झुकातीं हैं सर अपना
ईश्वर की रचना के सम्मुख

समय आने पर कर देती हैं
पल में विनष्ट
समूचे के समूचे समाज
और नेस्तनाबूत
मनुष्य का अस्तित्व
तुम नहीं समझते
उनका धैर्य और बल
अंजाने में कर बैठते हो उन्हीं से छल।

वे अपने साथ रखते हैं आकाश

अचानक से
कोई रोक दे नदी का बहना
और असंगत हो जाए
विस्थापित नियमों से !
कभी भी
इस भय के अभिनय से नहीं डरते हैं वे...

चाँद से करते हुए संवाद
सूरज की किरणों को ओढ़ निकलते हैं
नदियों से करते कदम ताल...

हर पत्ते की आयतें हैं उनकी जरूरी प्रार्थना
पक्षियों के समझते हैं दुख
सहलाते हैं उनके घाव
लगाते हैं प्रेम का मरहम...

भय और कुछ नहीं
मस्तिष्क पर लिपटी हुई एक झीनी सी चादर है
जिसे उतार फेंकते हैं
किसी भी वक़्त
क्योंकि
वे अपने साथ
रखते हैं ढेर सारा आकाश।

उन्हें तारों का टूटना पसंद नहीं

उन्हें तारों का टूटना पसंद नहीं
और न नदियों का सूखना
न ही धरती का फटना
न जंगल का जलना
वो
जो जंगल के विपरीत दिशा में उगता है
वो सब उन्हें कतई पसंद नहीं ...

वे जिस वक़्त कर रहे थे
तारों , नदियों
जंगल, सूर्य और धरती से प्रेम

आप कर रहे थे
बर्बर समाज से निपटने के यत्न
इंसानों के मध्य
इंसानों की सुरक्षा के प्रयत्न
नाप रहे थे
अपने देश की सीमाएं
भरे हुए मस्तिष्कों में अभिमान
और कर रहे थे संग्रहित
युद्ध के सामान।

स्वप्न और लकीरें

विरासत में मिले गुण को
कौन नकारेगा
कौन करेगा
उनकी आदिवासियत सुनिश्चित
जो जानता है
जंगल की लय ताल
और जीवों से प्रेम करना
उसके ऑरेचर जन्मे हैं
युगांडा के जंगलों में
कहीं सुदूर स्थित
समूचे जंगल से प्रेम करता हुआ वह आदिम मनुष्य
जीवन के होता है बहुत करीब
क्या तुम्हारी धन लोलुपता
और हड़पने की लालसा
जानती है उनके मानवीय मूल्यों की कीमत !
या बाज़ारबाद
करेगा तय
उनके प्रकृति प्रेम और समर्पण को
तुम्हारी खींची गई लकीरें
क्या कर पायेंगी उनके स्वप्नों को सीमित
जिसका प्रबल वेग और संवेदनाओं में बसा हुआ जीवन
हजार तूफ़ानों से भी तेज है
नहीं करता पलटवार
क्योंकि बंधे हुए हैं हाथ
प्रेम और भावनाओं की जंजीरों से।

जगने न दो

कितनी व्याकुलताएँ दबी हुई हैं
इनके रक्त में

स्याह आँखों के बुझे सपनों को
क्या किसी ने कुरेदा है

मौसम का रुख कुछ यूँ है कि
थोड़ी सी हवा चलने से भी
लग सकती है आग
झुलस सकता है आकाश

सभ्यताओं की सेहत के लिए
इतना ही काफी है
अंधेरी रात के बढ़ते हुए दर्द को
जगने न दो
किसी पुरानी जिद को बहकने न दो।

जो कृतज्ञ है वही जीवित है

जो कृतज्ञ है
वही जीवित है ...

हर रात शाम होने से पूर्व ही
हो जाता है अंधेरा कुछ ज्यादा और जगहों की अपेक्षा
जिस रात सोते हैं
गहरी नींद और स्वप्नों में
अपने अस्तित्व को बचाए हुए कृतज्ञ लोग
शांत धरती भी सो जाती है
अपनी समूची हरियाली के साथ
परंतु
कोई है जो करता है षड्यंत्र
उजाड़ने और मिटाने की
ताकि भरी रहें झोलियाँ
उन्मुक्त जीवन में आ सके ढेर सी खुशहाली
होते हैं स्वार्थ से प्रेरित
उपभोक्तावाद की सीढ़ियों पर
एक हो जाते हैं
बाजार और व्यवहार
जब आती है
आत्माओं में गिरावट

अनसुलझे सवालों सा रहस्यमयी है
दो संसारों के मध्य का
छोटा सा टुकड़ा
और समझ से परे है
अंतर समझ पाना।

मुखौटों का सच

सभ्य लोगों की किताबों में दर्ज हैं
कानून, शिक्षा और नैतिकता
विद्वता , विकास
और हुकूमत

पुराने नैतिक प्रतिमानों को तोड़ते हुए
ऐसा कहा जाता है
नई विचारधारा के लोग
बड़े मुफीद होते हैं
प्रेम पर देते हैं आख्यान
आधुनिकता के धरातल पर
बोते हैं नए बीज
उगाते हैं आग, सीमेंट और पत्थर
और कभी न खत्म होने वाला
काला धुआँ

सूर्य के उत्तरायण होने से पूर्व ही
हो जाते है दक्षिणायन
जानते हैं सारे किताबी कानून
बचे रहते हैं
दफाओं के दांव-पेंचों में जिंदा।

कुछ इस तरह भी

बेख़ौफ होना भी है एक अहम सवाल है
वे डरते हैं
बाहरी दुनिया से
किरणों को मुट्ठी में भरकर
बचाते हैं
अपने हिस्से का सूरज
जमी हुई जड़ों पर
उड़ेलते हैं स्नेह का जल
वे जानते हैं
जिंदा रहने की कला
करते हैं अपना सर्वस्व निछावर
साँसों को बचाए रखने के लिए ...
धड़कनें
जो जीवित रहने की सनदें हैं
सहेजते हैं जंगल की देह में
बचाते हैं किसी भी बुरी नजर से
और
आँखों में बचाए रखते हैं
पानी और स्वाभिमान
क्योंकि
वे जानते हैं
अपनी आत्मा और उसे जुड़ी हुई साँसों की डोर को
जो सीधे जंगल की ओर जाती है।

सर्वश्रेष्ठ होने का दंभ

जिनकी आवाजें
परकोटों के ऊपरी गुंबद तक
कभी न पहुँच सकीं
वे उस इलाके के
बहादुर लोग थे

बड़ी- बड़ी दीवारों में बड़े दरवाजे
और सुरक्षा के वास्ते उनके बड़े सिपहसालारों के मध्य
कैद थे कुछ डरे हुए लोग
जो सड़कों पर चल रहे लोगों से भी डरते थे
चलते थे बच-बचकर आदमियों से ही
शाम होने के बाद

जबकि
जंगल में बेटियाँ
नहीं डरती थीं जंगली और खतरनाक जानवरों से भी
वो रहती थीं उनके बीच
जो निडर और दरवाजे रहित थे
उनकी चमकती हुई आँखें
अँधेरों में मुस्कुराती थीं

जबकि
बड़े लोगों के दिल काँप उठते थे
अँधेरों के नाम पर
उनकी बहादुरी बसती थी
सिर्फ उजालों की मजलिस में
शेष सब डूब जाता था अंधरे के आलाप में...

उन्हें उजालों से था
सिर्फ वास्ता
सिर्फ सूरज की किरणों के साथ

आखिर!
कौन डराता है इंसान को?

गोद में पलती पहचान

वह दीवारों पर
बनाती है जंगल
फूल–पत्तियाँ ,
बेल बूटों के साथ
भरती है खुद के बनाए हुए रंग
संस्कृतियों की विरासत को सहेजती हुई
घर के कामों से निवृत्त होकर
उड़ेल देती है सारी कलात्मकता
बालों को सवाँरती हुई
खोंस देती है
मोर पंख
उसकी कला को परखते हैं
जंगल,नदी और वृक्ष
और घर के लोगों की कई जोड़ी आँखें
मुस्कुराती हुई
गुनगुनाती है देसी गीत
जिंदगी के मुँह पर लगा देती है
बड़ी गोल बिंदी
उसकी मौजूदगी
करती है जंगल का शृंगार।

हर सुबह

हर सुबह
जंगल उतना ही खुशनुमा होता है
जितना कि
उगता हुआ नारंगी सूरज
गिरता हुआ दूधिया झरना
बिखरता हुआ पराग
किसी पथिक की पहली यात्रा
गहरी आँखों में
एक हरापन उतरता जाता है
अपनी मस्त हरियाली लिए हुए
एक उगता जंगल
कभी अस्त नहीं होता
अलगे दिन की हरियाली को बचाकर
हँसता है एक मुकम्मल हँसी
कोई थका हुआ मुसाफिर
ज्यों गिर पड़ता है नींद के आगोश में
ठीक उसी तरह डूब जाते हैं वृक्ष और जीव
नींद के आगोश में निश्चिन्त
यहाँ किसी शहर-सी नहीं जागती
निशाचर अपराधों की दुनिया।

हजार आँखों से देखता है

वह हजार आँखों से देखता है
मिट्टी सी देह जल उठती है
कुछ और नहीं
मन में उठी गहरी आह है
मत छीनो
इनका हरापन
ये इसी रंग से बने हुए मनुष्य हैं
जीना चाहते हैं
इसी की परछाइयों के तले
धीमे-धीमे फैलती हुई एक सुगंध
फैलती जाती है
जंगली माहौल में
पत्ते और ज्यादा हरे
और दिन कुछ ज्यादा उजला हो जाता है
सूरज के चेहरे पर
उगती हुई परछाइयाँ उठ रही हैं
आकाश में छाए हैं बादल
कुछ और नहीं बारिश के संकेत हैं
जो चाहती है बहा लेना सारे दुःख दर्द और पुरानी कहानियाँ
हर चीज से परे
ब्रह्मांड के दूसरे छोर पर।

ख़ूबसूरत हवा का पहला झोंका

खूबसूरत हवा का पहला झोंका
उनींदे स्वप्नों को छूकर निकल जाए

कल्पनाएँ खो जाएँ बिखरे हुए गीतों में
मस्तिष्कों में बची रह जाएँ केवल खाली खिड़कियाँ

हवा भी वहे उल्टे रुख से
झरनों में घुल जाए कोई असह: पीड़ा
आकाश में उगे सितारों से
फैले हुए आकाश की कोरों तक
फैली हो सवालों की फेहरिस्त

तब भी अफवाह पर न जाना
देना एक आवाज
संवेदना की आखिरी बूँद के बचे रहने तक

सब्र का बांध टूटने से पहले
मैं बन जाऊँगी एक गहरी उम्मीद की नदी
बहूँगी चेतना के अंतिम प्रहर तक

बस वक्त से पहले
कर लेना दिए के बुझने के पूर्व का अनुमान

और महसूसना मुझे आकाश की दूधिया रोशनी में
तारों की कतारों में
कहीं जो सिमट जाए रास्ता किसी शूल का रूप लेकर
पाँव दुखने की वजह में कर दें नाफरमानी

तो याद करना मुझे, मैं वहीं मिलूँगी
जहाँ–जहाँ तुम ढूँढोगे मुझे।

बोध का बरगद

बोध का बरगद
घना होता चला गया
खुशियों भरी थालियों पर
बोझ सी लटकी हुई जड़ें मंडराती रहीं

हरियाली मात्रा में कम और हरी ज्यादा होती चली गई
हर समाधि में
निरंतर मौन जारी है
साधनाओं का गंभीर आंकलन चल रहा है
आस्था और गहराती जाती है
समय की चालों को मात देने और दावा ठोंकने वाले
धराशाही और बेदम
काले पंखों वाली चिड़िया आ बैठती है कमजोर शाखों पर
जो आकाश है पीले प्रकाश के पीछे
उम्र की बढ़ती मजबूरियों को जानता है

हँस रहा है
पृथ्वी की हीन दशा पर
देखता है सारे दृश्य नाटकों के
वो जो बनाना चाहते हैं
सीढ़ियाँ आकाश तक
बेदम हैं आविष्कारों की दुनिया में

जो उगता है चाँद
करवाचौथ और ईद पर
हमारी आस्थाओं की आँखों का काजल है
युगों-युगों से उग रहा है चाँद

युगों-युगों से घूम रही है पृथ्वी
मन विरक्ति का द्वार है
आसक्ति का भी
पर मुक्ति का मतलब हमेशा रंगहीन प्रकाश है।

आस्था

मुझे क्यों ढूंढते हो
मेरे गहरे हरेपन में
मैं आसान सीढ़ी नहीं तुम्हारे लिए
मुझे देखना है
तो मुझे मन की आँखों से देखो
धड़कनों में महसूस करो
जो मिलती है
तुम्हारी धड़कनों के साथ
बदलते समय में भी कभी न बदलने वाले संगीत की तरह
गूँथी हुई है
ब्रह्मांड के हर कण में ।

रंज

सदियों से
पतझड़ को झेलता जंगल
नई जिंदगी की शुरुआत करते वक़्त
कभी नहीं रखता कोई रंज
रिश्ते जुड़े रहते हैं फिर भी
सामान्य दिनों की तरह
ये पुराने किस्से
याद दिलाते हैं पुराने दिनों की
जब हरियाली के वक्त पत्तों ने किया था कोई वायदा
साथ निभाने का अंतिम सांस तक।

ये जंगल क्या कहता है

मुझे देखना है तो
आओ मेरी लंबी बिखरी धूप में
मेरे अंधेरे में पसरे चांद की दूधिया रोशनी में
झाँको टिमटिमाते तारों के कोरों से
दिन रात बहती नदी से अनवरत प्रेम
और
लहराते झरने की गोद में रख दो अपना सर
ओस की बूंदों में सोई शीतलता
और टिपटिपाती बारिश की बूंदों से कहो
कुछ संगीत रख दें हथेली पर
कुछ देर बैठो
और सुनो
हरी पंखों वाली चिड़िया की कहानी
सुनो ये जंगल क्या कहता है!

जज़्बा

किसी ने कहा आदमी खूबसूरत है
मैंने कहा पेड़ खूबसूरत है
फिर आदमी की कुछ खूबसूरती
क्रोध ने, कुछ ईर्ष्या
कुछ लोभ ने
कुछ द्वेष ने छीन ली
फिर छीन ली दिली ख़्वाहिशों ने
फिर एक दिन आदमी ने
पेड़ के वजूद को मिटा डाला
खूबसूरती के फेर में
नदियों के रुख को अपने रिमोट से घुमाया
चट्टानों के दिलों को दहलाकर
बना डाले दोराहे, तिराहे, चौराहे

खूबसूरत पेड़
देखता रहा
सभी कृत्य...

जिसकी कोख में थी खूबसूरती
वो दुनिया को खूबसूरती बाँटता रहा
हमेशा,
कल भी,
आज भी,

इंसानियत की आखिरी साँस तक
उस में बाँटने का जज़्बा था
और आदमी में लेने का...

अफवाह

अफवाह थी कि
संवेदना की आखिरी बूँद
डूब कर हो गई और अधिक मजबूत
सब्र का बांध टूटने से पूर्व
एक कच्ची डोर ने छुपा ली थी अपनी पहचान
चेतना का पहरा
गुजरते हुए वक़्त पर सबसे मजबूत पट्टी है
मुकम्मल जिंदगी
याददाश्त और यादों के मलवे से ज्यादा कुछ नहीं
गहरी बातें
घुमावदार सीढ़ियाँ हैं
कब जल्द समझ में आतीं हैं
खुले आकाश में चाँद की आहटें
कदम से कदम मिलाते सितारे
पढ़ते हैं आपसी सुख दुख की डायरियाँ
नया कुछ रोज लिखते हैं
पुराना मिटाते हैं।

किरदार

मेरे किरदार को देखोगे
तो मैं रागों में मिलूंगा ...

इस तिलिस्म की धुन को
धड़कते हुए दिल में सुनना
असंख्य कथाओं के मसविदे कैद हैं तारीख़ों में

जब-जब भी पढ़ता हूँ किसी तूफान की इच्छा शक्ति
और आंधियों का व्याकरण
कच्ची मिट्टी के दिये सा जल उठता हूँ

मुझे न समझो सिर्फ वृक्ष
मैं तूफानों से लड़ सकता हूँ

मुझे मेरे विस्तार से न समझना

जब मैं एक दरिया था
तब भी छुपाये समुंदर था।

ख़्वाहिशों की नदियां

भारी पलकें
और सुनहरी प्रार्थनाओं के मध्य
उपजतीं हैं
ख़्वाहिशों की नदियां
और
डूबने लगते हैं सारे के सारे सवाल
किसी फैले हुए रेगिस्तान में
पानी के सोते की तरह
उन आधी अधूरी लालसाओं को लिए हम
पहुँचना चाहते हैं
एक दूसरी दुनिया के छोर पर
जहाँ
अंतहीन गहरी
प्रतिक्षाएँ न हों
असहमति और प्रतिरोध के गुबार न उठें
विवशता और गन के कसैले स्वादों की इबारतों के
दस्तावेज न उकरे हों
किसी शुष्क प्रस्तर पर।

बदलाव

सभ्यताएँ तिलमिलाएँ

नियति बदल दे
अपनी शक्ल
तो समझ लेना
बड़ी ही निर्ममता और
दृढ़ता से ठुकराई गई हैं दुरूह परंपराएँ...

बेखबर लोग
ताकते रहते हैं पुराना रास्ता
बिना किसी परवाह के
सीधी चली गई
रेखाएँ
कब मचाती हैं कोई बबाल
कब देती हैं
सुस्थापित कानों में
कोई गुस्ताख़ दस्तक।

क्या तुम अब भी नहीं पछताओगे

प्यास की गठरी लिए
हम चल रहे थे मरुस्थलों की ओर
आँखों में फिर
छलके थे खोई हुई नदियों के निशान
और रेत में तब्दील हुए समुन्दर
ठिठके थे
किसी बादल की आस में
क्या बादलों ने कभी चाहा
लहूलुहान होना
और दम तोड़ देना बीच रह में ही
बह जाना
पृथ्वी के भीतर ही भीतर
जैसे कोई नदी खो जाती है शांत होकर
इस तपती हुई रेत में
घुल गया असहनीय दर्द
सूखे बारिश के वायदों ने
अपना दम तोड़ दिया है किसी छोर पर

क्या अब भी तुम
अपने किये पर नहीं पछताओगे ?

सृजन

एक पूरा का पूरा प्रेम– साम्राज्य
बसता है
रहस्यमयी रातों
और कलरव भरे दिनों में
ये फूलों पर घुमड़ते पतिंगे
टटोलते हैं जीने का सामान
और अंजाने में ही करते हैं शुरुआत
एक नए जंगल के उगने की।

ताउम्र

अँधियों के वेग से बेखबर
जो नहीं करते हद पार
वही बहते हैं घाटियों में ताउम्र
वे जो हवाओं के वेग से उमग जाते हैं
भिगोते हैं खाली किनारे
समुंदर से पहले ही
तोड़ते हैं दम।

वर्चस्व

अँधेरा होने को चला है
भीड़ भी नहीं रोक पायी
अस्त होते हुए सूर्य को...

न वे अब किसान हैं
न मज़दूर हैं
अब वे सिर्फ़ मजबूर हैं
स्वप्नों और सवालों से दूर है
और वे
जो कहते हैं
उन्होंने बनाए हैं पेड़
आसमानों को दिया आसमानी रंग
चाँद और सूरज उन्हीं की मेहरबानी से
उगते और अस्त होते हैं
अब तो
स्वर्ग भी होगा उन्हीं के बनाए नियमों से
विनियमित
ऐसा वे कहते हैं
यही वजह है
कि अब मैं इतिहास,
जड़ों और आग में दिलचस्पी छोड़ रहा हूँ।

सदी के सर्वश्रेष्ठ

वे आगे बढ़ते गए
उन्होंने रास्ते में आयी हर एक चीज को
अपने हिसाब से बदलना चाहा
और बदल डाला

वे और आगे बढ़े
उन्होंने अपने समूहों को सर्वश्रेष्ठ कहा
खुद को किया ईश्वर घोषित
नियम विनियम बनाए
जिन्हें तोड़ने की चाबी रखी अपने पास
वे और आगे बढ़े

उन्होंने नदियों को अपने हिसाब से मोड़ा
पर्वतों के सिर उठाये रखने को गुस्ताख़ी माना
और तोड़ दिए कई सिर और शाखाएँ
वे और आगे बढ़े

उन्होंने प्रकृति को दुत्कारा और ललकारा और
जंगलों को कर दिया आग के हवाले
पहाड़ को खाई और खाई को पहाड़ बनाने लगे

वे और आगे बढ़े
वे श्वेत को काला और काले को श्वेत करना
कला का हिस्सा मानने लगे

सुना है
अब वे दिमाग़ बनाने वाले हैं
ऐसे दिमाग़ जो उनके इशारों पर चलें
ऐसे दिमाग़ जो समय से पहले बताएँ

किसी आने वाली मुसीबत के बारे में
और जो दूसरे दिमाग़ों को
पढ़ने की कला जानते हों।

निश्छल

वह खींचता है
अपने घनेपन में
एक चुंबक की तरह
और
मस्तिष्क तौलता है
घनेपन और हरेपन के भीतर
विकास के फलसफे।

उभरता हुआ संकेत

दरख्तों के तनों पर लिखी गईं हैं
हजारों गीतमालाएँ
ये धरती सुनती है इनकी धुन

उन्मुक्त जीवन साँस लेता है
हँसते खिलखिलाते हुए

लाखों प्राणियों के हृदयों की धड़कनें बसती हैं
इस विविधता में

सुनो
विकास में बसने वाले बुद्धिमान प्राणी
क्यों खेलना चाहते हो लाखों प्राणियों के जीवन से

क्या तुम्हें
अपने विनाश का
उभरता हुआ संकेत दिखाई नहीं देता ?

वे ज्यादा नहीं मांगते

वे ज्यादा नहीं मांगते
सिर्फ उतना ही
चाहते हैं हम से
आग
हवा
जल
और आकाश
जिनमें फैला सकें अपने हाथ

ले सकें भरपूर सांस
मना सकें अपने मनपसंद त्योहार
सुन सकें अपना संगीत
जी सकें मन भर खुशियाँ
देख सकें आंखों में सपने
बोल सकें अपनी भाषा

जी हाँ
वे ज्यादा नहीं माँगते
सिर्फ वही
जिन पर किसी का नहीं है पूरा पूरा अधिकार

और आप हैं कि
खुद को सबका मालिक समझ बैठे हैं ।

उजाले की रंगीन गठरियाँ

एक सुरीली आवाज
और उजाले की रंगीन गठरियाँ
सुनहरी तितलियों की तरह उड़ती जाती हैं
और एक नशीली दास्तान में हो जाती हैं तब्दील

बढ़ते हुए कदम
अपनी बाहों को फैलाए
जंगल की एक खुशनुमा सुबह का
करते हैं स्वागत

यह जंगल भी हँसता है मुस्कुराता है
ठीक उसी तरह मिलता है
जैसे मिलते हैं
सदियों के
बिछड़े हुए लोग।

मन का एक संदेश

वीरान घाटियों
और जंगलों की गहराइयों के अंत: करण से
निकलकर आ गई
उनकी कुछ धुनें
और तैरती रही एक रुपहली नदी

सुंदर
कर्मठ
निरंतर
वक्र रेखाओं को बनाती हुई
दिलों की बस्ती से आ मिली धुंध

मन था कि
पहाड़ के किनारों से फिसलता रहा
और उन्ही गहराइयों में
गिरकर समा गया।

पत्तियों के बीच

इन हरे भरे रास्तों के बीच
मुट्ठियाँ बांधकर
खड़ी हुई हैं
अनगिनत वृक्षों की खिलखिलाहटें

इस दृश्य से कहो
कि थोड़ा
ठहर जाए
अभी पूरी तरह नहीं लौटी है
तुम्हारे चेहरे की चांदनी।

महाप्रलय से पूर्व

सभ्यताओं के रक्त से
उगती हुई एक पहचान
तुम्हारे होने या न होने के बीच की
कड़ी है

जंगल ने तुम्हें जब सिखाया
लोहे का पहिया बनाना
तुम तब से दौड़ रहे हो

तेज,
और बहुत तेज
इतनी तेज कि
तुमने छोड़ दिया है बहुत पीछे
नदियों, पर्वतों
जंगलों और झरनों का साथ

और दौड़ते ही जा रहे हो
जैसे
किसी तूफान के पूर्व
दौड़ती हैं चीटियाँ।

कोई पर्वत पिघलता है

जब अपने ही किसी के दिए हुए कष्ट से
होता है बेहाल
तोड़ देता है अपना ही कोई हिस्सा
निरीह
बेबस
करता है हजारों सवाल
तब कहीं कोई पर्वत पिघलता है

आस्थाओं में बहुत कुछ सँजोकर
कभी कुछ नहीं माँगता
भरपूर देने वाला
देता है झोली भर भर

क्या भीतर ही भीतर
करुणा की धार उपजी है
कोई मँझधार उपजी है
जरा जाकर तो कोई देखो
कोई भीतर से आवाज उपजी है

खंड खंड हो
बह रहा वह
क्या कोई आग उपजी है!

एक नदी भटक गई

एक नदी भटक गई
और भूल गई रास्ता

क्या आपने सुना है कभी
नदी का रोना ?

नदी जब बांध दी जाती है
तो बहुत बौखलाती है
तिलमिलाती है

मचाती है बहुत उत्पात
पलों में उखाड़ देती है
विकास की जड़ें
दिखाती है विनाश

और ओढ़ाती जाती है अपनी जिदों को परत दर परत
उजाड़ती है समूल
बिखरती है
फैल जाती है

करती है आजाद बड़ी ही आजादी से
मनुष्य को अपनी ही जड़ों से
उसकी अट्टाहस भरी आवाज
ललकारती है आकाश
उखाड़ती पछाड़ती
करती है हजारों सवाल

उसकी क्रोध भरी आँखें
जी हाँ

क्रोध भरी आँखें
मचाती हैं बहुत ही बबाल

नदी जब यह सब तांडव मचाती है
नदी बहुत रोती है

क्या अपने नदी का रोना सुना है ?

दम तोड़ती नदी

नहीं चाहता कोई भी
लौट आए इन नदियों के किनारे से
प्यासा ही
इस कदर बांध दिया है
हमने
इन धाराओं को
जो
अब धड़कती तो हैं
पर जिंदा प्रतीत नहीं होतीं।

प्रति पल उगता हुआ गहरा हरापन

मैंने खूबसूरती के प्रश्न पर
जंगल को
सबसे खूबसूरत कहा

बेदाग हरियाली
और उसमें प्रति पल उगता हुआ गहरा हरापन
दिलों को देता है शांति और शीतलता

वे जंगलों को
पूर्ण समर्पण के साथ
जीवन के आखिरी पल तक
भरपूर जीना चाहते हैं

जिनमें बसती हैं उनकी आत्माएँ
परंपराएँ, आशाएँ और भविष्य
बन जाना चाहते हैं मिट्टी
हो जाना चाहते हैं उसी में तब्दील

विकास के कई सोपानों से बेखबर
अपनी दुनिया में मस्त

नहीं मानते
आधुनिक मनुष्य के बनाए नियमों को

न चाहते हैं
विकसित होना
क्योंकि
कुव्वत से बाहर की उड़ान उन्हें पसंद नहीं

वे जंगलों में हैं
या जंगल उनमें
वे हर साँस में लेते हैं भीतर
नसों में रक्त मानिंद बहते हुए जंगल को
निरंतर
आजीवन
पीढ़ी दर पीढ़ी।

जहाँ जंगल सोता है नदी की गोद में

कई दिशाओं से उगता है सूरज
किसी अज्ञात रास्ते से
उतरती है नदी
झरनों में बहता है एक सुरीला संगीत
खामोश पड़े पत्थरों में लिखी गई हैं
ऐतिहासिक इबारतें...

किनारों के
नष्ट हो जाने के बाद भी
नदी नहीं बदलती
अपना रूप रंग, स्वर और संगीत
ज्यों पतझड़ में बदल जाता है जंगल
वास्ते नई हरियाली के ...

नदी वही रहती है
अपनी उसी लय और ताल के साथ
करती है सारे जंगल के रोम रोम को संगीतमय
और एक मुलायम
सुरीली धुन पसर जाती है हर शाख और पत्ते पर
नदी के बहाव और धारों से नहीं बहता
जगल का रूप रंग
पक्षियों की चुप्पी से नहीं उदास होता है
बीहड़ जंगलों का मंगल
चिड़िया गाती है चुप्पी के बाद भी
गाती है अनेकों शोकों के बाद भी
जंगल थिरकता है मौसम की ताल पे
जंगल सोता है नदी की गोद में ।

पीढ़ियों का हिस्सा

वे दिखाते हैं बल
करते हैं छल
समाधिस्थ है समूची नापतौल, लाभ हानि का हिसाब
उनकी उंगलियों के पोरों पर
मेरा दुःख
इस छल बल से कहीं ज्यादा
पीढ़ियों के हिस्से में आने वाले बड़े शून्य से है।

जंगली

इस जंगल को कोई नाम देकर
बसा लिया हृदय में
गहरी हरियाली को
जंगली होने से बेहतर है
जंगलों के हो जाना।

□□□